Inhalt

Eine Idee am Abend

Anna soll Zähne putzen.
Sie tupft sich
einen rosa Zahnpastapunkt
auf die Nase.
Dann versucht sie
ihn abzulecken.
Das geht aber nicht.
„Was machst du denn?“,
fragt Papa.
„Du sollst doch Zähne putzen.“

Anna strahlt ihn an.
„Sieht schön aus, was?“,
sagt sie.
„Geputzte Zähne wären schöner“,
sagt Papa.
„Nö, glaub ich nicht.“
„Aber ich!“
Anna drückt neue Zahnpasta
auf die Zahnbürste.
„Nicht so viel!“, sagt Papa
und nimmt ihr die Tube aus der Hand.
„Und mach endlich voran!“

„Erzählst du mir trotzdem
eine Gutenachtgeschichte?“,
fragt Anna vorsichtig.
Papa schraubt
die Zahnpastatube zu.
Dann brummt er:
„Das muss ich mir
noch gut überlegen.“

Anna liegt im Bett.
Papa kommt ins Zimmer.

Er hat ein Buch in der Hand.
„Nicht vorlesen“, sagt Anna,
„lieber erzählen!“
„Erzählen?“
Papa runzelt die Stirn.
„Hm. Lass mich mal überlegen …“
Er reibt sich das Kinn,
dann erzählt er:
„Also, da war mal eine Familie,
der ging es gar nicht schlecht.

Trotzdem hatte der Vater
manchmal schlechte Laune.
Nämlich wegen der Arbeit.
Und wenn die Tochter
dann Quatsch machte,
anstatt sich ordentlich
die Zähne zu putzen,
dann konnte es sein,
dass er mit ihr schimpfte …"
„Das ist gar keine Geschichte",
sagt Anna, „das ist ja von uns!"
„Ach wirklich?", fragt Papa.

„Ja. Du willst mir bloß
wieder was erklären."
Anna ist sauer.
Papa lächelt.
„Und die Tochter
machte nicht nur Quatsch",
erzählt er weiter,
„sie war auch sehr klug."
„Sie war überhaupt nicht klug!",
sagt Anna
und zieht die Decke über den Kopf.
„Und überhaupt …",
jetzt strampelt sie
die Decke wieder weg,
„… und überhaupt ist Schule
auch Arbeit.
Wenn du's nicht glaubst,
geh doch selber mal hin!"

„In die Schule?“, fragt Papa.
„Ja.“
„Das geht wohl leider nicht“,
sagt Papa.
„Und warum nicht?“, fragt Anna.
„Weil …weil …“
„Weil du dich nicht traust“,
behauptet Anna
und schlüpft wieder
unter die Decke.

„He, he, halt mal!“, ruft Papa.
„Wer sagt denn,
dass ich mich nicht traue?“
„Ich!“, ruft Anna unter der Decke.
„Unsinn!“, sagt Papa.
Anna schlägt die Decke zurück.
„Gut“, sagt sie.
„Dann können wir ja
morgen tauschen.“
„Tauschen?“
„Ja. Du gehst in die Schule
und ich geh ins Büro.
Nur für einen Tag.“

Anna geht zur Arbeit

Am nächsten Morgen,
Viertel nach sieben:
Anna, Papa und Mama
haben schon gefrühstückt.
„Wo ist mein Pausenbrot?“
„Der doofe Pulli ist zu eng!“
„Wer hat meine Schuhe gesehen?“
„Wie spät ist es eigentlich?“

Das Morgendurcheinander
ist heute schlimmer als gewöhnlich.
Mama schüttelt den Kopf.
„Wollt ihr's euch nicht
noch mal überlegen?“, fragt sie.
„Nein“, antworten Anna und Papa.

Dann nehmen sie ihre Sachen
und gehen los zur Bushaltestelle.
Der Bus hat
fünf Minuten Verspätung.
Vor der Schule steigt Papa aus.
„Sei brav!“, ruft ihm Anna nach.
„Und pass schön auf,
was die Lehrerin sagt!“
Anna fährt
zwei Haltestellen weiter.
Zum Büro.

… steht an dem Gebäude.
Anna geht zum Haupteingang hinein
und eine Treppe hoch,
dann nach rechts
einen langen Flur entlang.
An der vierten Tür steht:
H. SCHLAGENHAUF.

Das muss es sein.
Anna will erst anklopfen.
So ein Unsinn!
Das ist ja jetzt ihr Büro!
Und wer klopft schon
bei sich selber an?
Sie öffnet die Tür,
geht hinein
und schaut sich um.
In dem Zimmer ist alles weiß!
Weiße Wände, weiße Schränke,
sogar der Schreibtisch ist weiß.

Das Zimmer gefällt ihr
überhaupt nicht.
Hier fühlt sie sich nicht wohl.
Und wo sie sich nicht wohlfühlt,
kann sie auch nicht arbeiten.
Anna stellt ihre Tasche ab,
da sieht sie den Stuhl.
Wenigstens ein Drehstuhl!,
denkt sie und setzt sich
gleich drauf.
Anna fährt ein paar Runden
Karussell.

Plötzlich klopft es an die Tür.
„Herein!“, ruft Anna leise.
Eine Frau kommt ins Zimmer.
„Guten Morgen!“, sagt sie.
„Sie … Sie sind neu bei uns,
nicht wahr?“
„Ja“, antwortet Anna.
„Ich heiße Anna
und mein Papa kommt heute nicht.“
„Angenehm“, sagt die Frau.
„Ich heiße Altmann
und bin hier die Sekretärin.“

Papas Schultag

… steht über der Eingangstür.
Papa geht hinein
und eine Treppe hoch,
dann links
einen langen Flur entlang.
An der vierten Tür steht:
KLASSE 2B.

Papa klopft an.
„Herein!“
Vorsichtig öffnet Papa die Tür.
Die andern sind alle schon da.
Vorne an der Tafel
steht Frau Kleinlein, die Lehrerin.
„Nanu“, sagt sie
und schaut auf die Uhr.
„Der Bus hatte Verspätung“,
entschuldigt sich Papa.
„Schon gut“, sagt Frau Kleinlein.
„Du bist neu bei uns,
nicht wahr?“
Papa nickt.
„Ich heiße Herbert
und Anna kommt heute nicht.“
„Schön, Herbert.
Dann setz dich neben Sebastian.“

In der ersten Stunde
haben sie Rechnen.
Das macht Papa Spaß.
Er meldet sich dauernd.
„Richtig, Herbert“,
sagt Frau Kleinlein jedes Mal,
wenn er etwas weiß.
„Mannomann!“, stöhnt Sebastian.

In der zweiten Stunde
haben sie Deutsch.
Das findet Papa langweilig.
Er passt nicht mehr auf.
Und er kann auch nicht
so lange still sitzen.
„Herbert, hörst du nicht?!“,
sagt Frau Kleinlein
schon zum zweiten Mal.
Papa erschrickt.
Er war mit seinen Gedanken
ganz weit weg.

„Du hörst ja gar nicht zu!“,
schimpft Frau Kleinlein.
„So hat das natürlich keinen Zweck.
Du musst hier schon aufpassen!“
Dann stellt sie sich
genau hinter Papa.
„Und zapple nicht so rum!“
Sie lässt Papa keine Ruhe.
Er möchte gern etwas sagen.
Aber Frau Kleinlein
guckt ganz streng
und legt den Finger auf den Mund.

Neues im Büro

Frau Altmann kommt herein
und legt Stoffmuster
vor Anna auf den Schreibtisch.
„Das sind die Vorschläge
aus der Stoffabteilung
für die neuen Sommerkleider.
Fünf Stoffe brauchen wir.
Und um sechzehn Uhr
haben Sie eine Besprechung
mit Herrn Edelweiß
von der Färberei.“

Anna nickt.
„Kann ich noch etwas für Sie tun?“,
fragt Frau Altmann.
„Ja“, sagt Anna.

„Besorgen Sie mir Kissen und …
Poster für die schrecklichen Wände
und … Blumen. Viele Blumen.
Und eine Tafel Schokolade.“
„Vollmilch?“, fragt Frau Altmann.
„Ja“, sagt Anna.
„Oder nein: lieber Joghurt.“

„Kissen, Poster, Blumen,
Joghurt-Schokolade“,
wiederholt Frau Altmann.
„Ist das alles?“
„Nein“, sagt Anna.
„Bringen Sie mir noch
Malpapier und Wasserfarben mit.“
„Papier und Wasserfarben.“
Frau Altmann zögert.
„Äh, darf ich fragen wozu?“
Anna zeigt auf die Muster:
„Die gefallen mir alle nicht.“

Und Papa?

Endlich klingelt die Pausenglocke.

Papa stürmt aus der Klasse
und läuft dem Rektor
genau vor den Bauch.
„Hoppla!“, sagt der Rektor.
„Du hast es aber eilig.“
„Entschuldigung!“, nuschelt Papa.
„Du bist wohl neu bei uns?“,
fragt der Rektor.
Papa nickt.

„Dann merk dir eins:
Wir benehmen uns hier,
wie es sich gehört,
und laufen nicht
wie verrückt durchs Haus.
Verstanden?“
Papa nickt wieder.
„Das will ich auch hoffen“,
sagt der Rektor.
Papa geht lieber
zurück in die Klasse.

Er hat jetzt Hunger
und holt sein Brot
aus der Tasche.
Als er hineinbeißt,
klingelt es schon wieder.
Die Pause ist zu Ende.
Frau Kleinlein kommt herein
und setzt sich an den Lehrertisch.
„Herbert!“, sagt sie ärgerlich.
„Gegessen wird
in der großen Pause,
das weißt du doch.“
„Ich hab aber Hunger“,
brummt Papa.
„Dann musst du morgens
richtig frühstücken!“
„Da bring ich noch nichts runter“,
sagt Papa.

Die anderen lachen.
„Dann kann ich dir auch nicht helfen“,
sagt Frau Kleinlein.
„Jetzt isst du jedenfalls nicht.“
Papa packt sein Brot wieder ein.
So was Blödes!
Frau Kleinlein schreibt
das Stundenthema an die Tafel:

Mein Traumhaus

Alle sollen das Haus malen,
in dem sie am liebsten
wohnen möchten.

„Lasst eurer Fantasie freien Lauf!“, sagt Frau Kleinlein.
Die Kinder fangen an zu malen.
Baumhäuser. Und Pilzhäuser.
Fliegende Häuser
und ein Haus auf den Wolken.
Dann Glashäuser, manche rund,
manche eckig. Ein Autohaus.
Und ein Ballonhaus.
Das malt Sebastian.

Nur Papa kritzelt lustlos
auf seinem Blatt herum.
Er findet das Thema doof.
Ihm fällt dazu nichts ein.
„Ist das alles?“, fragt Frau Kleinlein.
Ganz plötzlich steht sie neben ihm.
Papa schrumpft auf seinem Stuhl.
„Du hast noch zehn Minuten Zeit“,
sagt Frau Kleinlein.

„Dann möchte ich auch von dir
ein Traumhaus sehen."
Papa ist wütend. Er fängt an,
Sebastians Ballonhaus abzumalen.
Nur malt er statt der Tür
einen Raubtierrachen.
Mit vielen scharfen Zähnen.

Aktion schönes Büro

Frau Altmann kommt zurück
in Annas Büro.
Sie ist schwer bepackt
mit Kissen, Postern,
Blumen und Malsachen.
Die Tafel Schokolade muss sie
mit den Zähnen halten.
„'o 'ollen die 'achen 'in?“, fragt sie.
„Da auf den Schreibtisch, bitte“,
sagt Anna und nimmt ihr
die Tafel aus dem Mund.
„Die ess ich gleich.
Mögen Sie auch ein Stück?“
„Gern“, sagt Frau Altmann.
Schokolade bei der Arbeit
schmeckt besonders gut.

„Wir müssen uns
noch überlegen …“,
sagt Anna

und leckt sich die Finger ab,
„wir müssen uns
noch überlegen,
wer was macht.
Wollen Sie lieber
das Zimmer schöner machen
oder lieber Stoffmuster malen?“

„Das Zimmer schöner machen“,
antwortet Frau Altmann.
Dann gehen sie an die Arbeit.
Anna malt Muster,
Frau Altmann
macht das Zimmer schön.
Mit Postern und Blumen.
Und Kissen.
Daraus baut sie eine Kuschelecke.
„Fertig“, sagt sie.

„Ich auch gleich“, sagt Anna.
Ihr Pulli ist schon ganz bunt.
Ihr Gesicht ist bunt.
Ihre Hände sind bunt.
Alles ist bunt.
Sie sieht aus wie ein Papagei.
Und jetzt sind auch
die Muster so schön,
wie Anna sie haben will.
„Wie gefällt Ihnen das Zimmer?“,
fragt Frau Altmann.

„Viel besser“, antwortet Anna.
„Mir auch“, sagt Frau Altmann.
„Ich glaube, ich werd’s
in meinem Zimmer
auch so versuchen.“
Dann breitet Anna ihre Blätter
auf dem Schreibtisch aus.
„Und wie gefallen Ihnen
die neuen Muster?“
„Hm“, sagt Frau Altmann.
„Ja … doch …“

Papa macht Sport

Bei schönem Wetter
ist Sport immer
auf dem Sportplatz.
„Schön mit den Händen
auf den Boden!“,
ruft Frau Kleinlein.
Papa mag Gymnastik nicht.
Überhaupt nicht.
Er steht in der letzten Reihe.
Da kann ihn Frau Kleinlein
nicht so gut sehen.

„Der Herbert schummelt!“,
ruft ein Junge neben ihm.
„Der drückt die Knie nicht durch!“
„Stimmt ja gar nicht!“, ruft Papa.
„Stimmt wohl!“
„Man petzt nicht, junger Mann!“,
sagt Frau Kleinlein.
Da streckt Papa dem Jungen
die Zunge raus: „Bäh!“

Nach der Gymnastik ist Wettlaufen.
Einmal um den Platz.
Frau Kleinlein gibt das Kommando.
„Auf die Plätze … fertig … los!“

Das Rennen beginnt.
Alle stürmen los.
Durch die erste Kurve …
die Gegengerade hoch …
durch die zweite Kurve …
und auf die Zielgerade.
Noch fünfzig Meter
bis zum Ziel.

Robert ist Erster, Melanie ist Zweite,
Daniela Dritte und Thorsten Vierter.
Papa und Sebastian sind Letzte.
„Los, ihr beiden!“,
ruft Frau Kleinlein. „Endspurt!“
Da beginnt Papa
zu spurten.
Er überholt Martina, Dieter
und Heike.
Wird schneller.

Überholt auch Katja und Benni.
Überholt Thorsten.
Wird immer schneller.
Überholt Daniela und Melanie.
Nur Robert ist noch vor ihm.
Noch zehn Meter bis zum Ziel.
Noch fünf, noch drei … gewonnen!

Papa hat gewonnen.
„Bravo, Herbert!“,
ruft Frau Kleinlein.
„Kunststück!“, sagt Robert.
„Mit so langen Beinen.“
Er ist stinksauer.
Frau Kleinlein klatscht in die Hände.
„Los, Kinder, wir wollen doch noch
Fußball spielen!
Robert und Katja, ihr wählt!“
Robert und Katja wählen.
Einmal Robert, einmal Katja.
Als Letzter steht noch Papa da.
„Den könnt ihr haben!“, sagt Robert.
So spielt Papa bei Katja mit.
Linker Verteidiger.
Fußballspielen konnte Papa
noch nie.

Zweimal trifft er den Ball nicht.
„Pass doch auf, du Flasche!“,
ruft Katja.
Das nächste Mal trifft Papa.
Der Ball fliegt ins Tor.
Aber ins falsche.

Genug gearbeitet

Anna und Frau Altmann
haben die fünf schönsten Muster
ausgesucht.
„Ich bring sie gleich
in die Stoffabteilung“,
sagt Frau Altmann.
„Gut“, sagt Anna.
„Und sagen Sie,
die Stoffe sollen
genau so werden.
Unbedingt.“
Frau Altmann nickt:
„Genau so. Natürlich.“
Dann geht sie hinaus.
Anna macht es sich
in der Kuschelecke gemütlich.

Es ist noch etwas Schokolade übrig.
Arbeiten macht ganz schön müde,
denkt sie. Fast so wie Schule.
Frau Altmann kommt zurück.
„Geht alles in Ordnung“, sagt sie.
Anna muss gähnen.
„Wie spät ist es eigentlich?“,
fragt sie.

„Viertel nach drei.“
„Schon?“, sagt Anna.
„Dann haben wir für heute
genug gearbeitet.
Überhaupt soll man
nicht so lange arbeiten
bei dem schönen Wetter.
Feierabend!
Wir gehn ins Schwimmbad.“
„Und die Besprechung
mit Herrn Edelweiß?“,
fragt Frau Altmann.
„Ach die – die hat Zeit
bis morgen.
Rufen Sie ihn an,
ob er seine Badehose dabeihat.
Er soll mitkommen
ins Schwimmbad.“

Papa muss ins Bett

Beim Abendbrot schafft Papa
nur ein heißes Würstchen.
„Was ist denn?“,
will Mama von ihm wissen.
„Ich kann nicht mehr“, stöhnt Papa
und schiebt den Teller weg.

„Und wie war's in der Schule?",
fragt Anna.
„Och", sagt Papa.
„Och ist keine Antwort", meint Anna.
„Also gut", sagt Papa.
„Albern war's."
„Wieso albern?", fragt Anna.
„Weil man nie essen darf,
wenn man Hunger hat."
„Dann iss doch jetzt", sagt Mama.
„Jetzt hab ich keinen Hunger."

„Und wie war's im Sport?",
fragt Anna.
„Och", sagt Papa, „ganz gut.
Beim Wettrennen
hab ich gewonnen."
„Wirklich?", fragt Anna.
„Ja. Und beim Fußballspielen
hab ich ein Tor geschossen."
„Du?", fragt Mama.
„Jawohl, ich", sagt Papa.
„Toll!", sagt Anna.

„Da bist du
jetzt bestimmt sehr müde."

„Och", murmelt Papa,
„eigentlich gar nicht."
„Doch, doch", sagt Anna.
„Es ist auch gleich halb acht.
Da gehn wir schön ins Bett."
„Immer ins Bett",
brummt Papa.

Dann steht er auf
und will aus dem Zimmer.
„Zähne putzen nicht vergessen!",
ruft ihm Anna hinterher.
Papa dreht sich um.

„Och nö, heute nicht."
„Doch, doch.
Sonst kommen heute Nacht
die kleinen Zahnteufelchen …"

Papa liegt im Bett.
Anna kommt ins Zimmer.
Sie hat ein Buch in der Hand.
„Nicht vorlesen“, sagt Papa,
„lieber erzählen!“
„Was erzählen?“, fragt Anna.
„Wie’s im Büro war.“
„Hm.“ Anna setzt sich
auf die Bettkante.

Dann erzählt sie:
„Also, es war toll.
Aber das Büro
hat mir gar nicht gefallen.
Da haben wir's
viel schöner gemacht
mit Postern und Blumen
und einer Kuschelecke.
Die hat Frau Altmann gebaut
aus ganz vielen Kissen."
„Eine Kuschelecke?", fragt Papa.
„Ja, und ich hab
neue Stoffmuster gemalt.
Die anderen waren
so langweilig.
Die hätten keine schönen
Sommerkleider gegeben,
das sagt Frau Altmann auch."

„Frau Altmann?“, fragt Papa.
„Ja, und sie hat die neuen Muster
gleich in die Stoffabteilung gebracht,
das geht alles in Ordnung.“
„In Ordnung“, seufzt Papa.
„Und dann war es
Viertel nach drei,
da haben wir Feierabend gemacht
und sind schwimmen gegangen.“
„Um Viertel nach drei?!“, sagt Papa
und setzt sich im Bett auf.
„Ja, um Viertel nach drei“,
sagt Anna.
„Und jetzt ist es
Viertel nach acht.
Höchste Zeit
das Licht auszumachen.“
„Ja, aber…“, sagt Papa.

„Nichts aber.
Jetzt wird schön geschlafen,
sonst kommst du morgen
wieder nicht aus den Federn!“
Anna deckt Papa zu
und gibt ihm einen Gutenachtkuss.
Sie löscht das Licht
und geht auf Zehenspitzen
aus dem Zimmer.

Leserätsel

mit dem Leseraben

Super, du hast das ganze Buch geschafft! Hast du die Geschichte ganz genau gelesen? Der Leserabe hat sich ein paar spannende Rätsel für echte Lese-Detektive ausgedacht. Mal sehen, ob du die Fragen beantworten kannst. Wenn nicht, lies einfach noch mal auf den Seiten nach. Wenn du die richtigen Antwortbuchstaben in die Kästchen auf Seite 57 eingesetzt hast, bekommst du das Lösungswort.

Fragen zur Geschichte

1. Liest Papa Anna eine Geschichte vor? (Seite 7)

C : Nein, weil er schon zu müde ist.

F : Nein, Anna möchte, dass er etwas erzählt.

2. Was gefällt Anna in Papas Büro? (Seite 17)

A : Sie findet nur den Bürostuhl lustig, weil er sich so schön dreht.

M : Die Wände, weil sie so schön weiß sind.

3. Warum will Anna Papier und Wasserfarben? (Seite 26)

G : Sie will die Wände im Büro bemalen.

B : Sie will neue Muster malen, weil die alten so langweilig sind.

4. Macht Papa das Malen Spaß? (Seite 32)

R: Nein, er findet das Thema Traumhaus doof.

O: Ja, er malt ein tolles Traumhaus.

5. Schießt Papa ein richtiges Tor? (Seite 44)

I: Nein, er schießt ein Eigentor.

P: Ja, er trifft gleich zweimal.

6. Hat es Anna im Büro gefallen? (Seite 53)

Z: Ja, weil das Büro so schön ist.

K: Ja, weil sie das Büro schöner gemacht hat.

Lösungswort:

1	2	3	4	5	6

Rabenpost

Super, alles richtig gemacht! Jetzt wird es Zeit für die RABENPOST.
Schicke dem LESERABEN einfach eine Karte mit dem richtigen Lösungswort. Oder schreib eine E-Mail.
Wir verlosen jeden Monat 10 Buchpakete unter den Einsendern!

An den LESERABEN
RABENPOST
Postfach 2007
88190 Ravensburg
Deutschland

leserabe@ravensburger.de
Besuche mich doch auf meiner Webseite:
www.leserabe.de

Leichter lesen lernen mit der Silbenmethode

Durch die farbige Kennzeichnung der einzelnen Silben lernen die Kinder leichter lesen. Das gelingt folgendermaßen:

1. Die einzelnen Wörter werden in Buchstabengruppen aufgeteilt. Diese kleinen Gruppen sind leichter zu erfassen als das ganze Wort.
2. Die Buchstabengruppen sind ganz besondere Einheiten: Sie zeigen die Sprech-Silben an. Die Sprech-Silben sind der Schlüssel, um ein Wort richtig lesen und verstehen zu können.

Zum Beispiel können bei dem Wort „Giraffe“ auch die ersten drei Buchstaben „Gir“ als Gruppe gelesen werden: Gir - af - fe. Das könnte dann der Name einer besonderen Affenart sein. Mit den farbigen Silben dagegen werden sofort die richtigen Buchstabengruppen erkannt: Gi - raf - fe. Beim Lesen ergibt sich automatisch der richtige Sinn. Es ist das Tier mit dem langen Hals gemeint.

Warum ist das so?
Beim Lesen in **Sprech-Silben** klingen die Wörter so, wie wir sie **sprechen** und **hören**. So kann der Sinn der Texte leichter entschlüsselt werden – lesen macht Spaß!
Sobald das Lesen flüssig gelingt, können auch alle Texte ohne farbige Silben sicher erfasst werden. Durch das Training erkennen die Kinder die Sprech-Silben automatisch.
Dadurch lesen alle Leseanfänger leichter und besser – und auch die nicht so starken Leser können schneller Erfolge erzielen.

Die farbigen Silben helfen nicht nur beim Lesen, sondern auch bei der **Rechtschreibung**. Sie machen die Struktur der deutschen Sprache sichtbar. Der Leseanfänger nimmt von Anfang an die Silbengliederung der Wörter wahr – und kann so die richtige Schreibweise ableiten.

Markieren die farbigen Silben die Worttrennung?
Die farbigen Silben zeigen die Sprech-Silben eines Wortes an. In den allermeisten Fällen ist das identisch mit der möglichen Worttrennung am Zeilenende. In erster Linie bei der Trennung einzelner Vokale (a, e, i, o, u; z. B. E-va, O-fen, Ra-di-o) gibt es einen Unterschied: Nach der aktuellen Rechtschreibung werden diese am Zeilenende nicht abgetrennt. Da diese Wörter aber mehrere Sprech-Silben haben, sind diese auch mit zwei Farben gekennzeichnet: Eva, Ofen, Radio, beobachten.

Weitere Informationen zur Silbenmethode auf: www.silbenmethode.de

Ravensburger Bücher | Unsere Empfehlung

Leserabe

Leichter lesen lernen mit der Silbenmethode

ISBN 978-3-473-**38532**-4*
ISBN 978-3-619-**14340**-5**

ISBN 978-3-473-**38533**-1*
ISBN 978-3-619-**14346**-7**

ISBN 978-3-473-**38534**-8*
ISBN 978-3-619-**14341**-2**

ISBN 978-3-473-**38539**-3*
ISBN 978-3-619-**14348**-1**

ISBN 978-3-473-**38538**-6*
ISBN 978-3-619-**14342**-9**

ISBN 978-3-473-**38535**-5*
ISBN 978-3-619-**14343**-6**

ISBN 978-3-473-**38536**-2*
ISBN 978-3-619-**14344**-3**

ISBN 978-3-473-**38540**-9*
ISBN 978-3-619-**14347**-4**

ISBN 978-3-473-**38541**-6*
ISBN 978-3-619-**14349**-8**

ISBN 978-3-473-**38537**-9*
ISBN 978-3-619-**14345**-0**

* **Broschierte Ausgabe** bei Ravensburger

** **Gebundene Ausgabe** bei Mildenberger

Mildenberger Verlag

Ravensburger

www.ravensburger.de / www.mildenberger-verlag.de

ERZ_09_006